A M. F.-A. GEVAERT
Directeur du Conservatoire Royal de Musique de Bruxelles.

ÉCOLE DE STYLE

LEÇONS MANUSCRITES

DE SOLFÈGE

A CHANGEMENTS DE CLÉS AVEC ACCOMPAGNEMENT DE PIANO

1er LIVRE : *20 Leçons*

Programme des Élèves Chanteurs.

Emploi de cinq Clés :
Clés de Sol, Ut 1re, Ut 3e, Ut 4e et Fa 4e lignes.

2e LIVRE : *20 Leçons*

Programme des Élèves Instrumentistes.

Emploi de sept Clés :
Clés de Sol, Ut 1re, Ut 2e, Ut 3e, Ut 4e, Fa 3e et Fa 4e lignes.

PAR

HENRI DUVERNOY

Professeur au Conservatoire de Musique, Officier de l'Instruction Publique.

CHAQUE LIVRE, PRIX : 3 FRANCS NET

Les mêmes, sans Accompagnement (ft gd in-8°), chaque Livre,
Prix : 1 franc net.

PARIS. ALPHONSE LEDUC, ÉDITEUR
3, rue de Grammont

TABLE

PREMIER LIVRE

PROGRAMME DES ÉLÈVES CHANTEURS

EMPLOI DE 5 CLÉS

Clés de Sol 2me ligne, Ut 1re, 3me et 4me lignes, et Fa 4me ligne.

DEUXIÈME LIVRE

PROGRAMME DES ÉLÈVES INSTRUMENTISTES

EMPLOI DE 7 CLÉS

Clés de Sol 2me ligne, Ut 1re, 2me, 3me et 4me lignes, Fa 3me et 4me lignes.

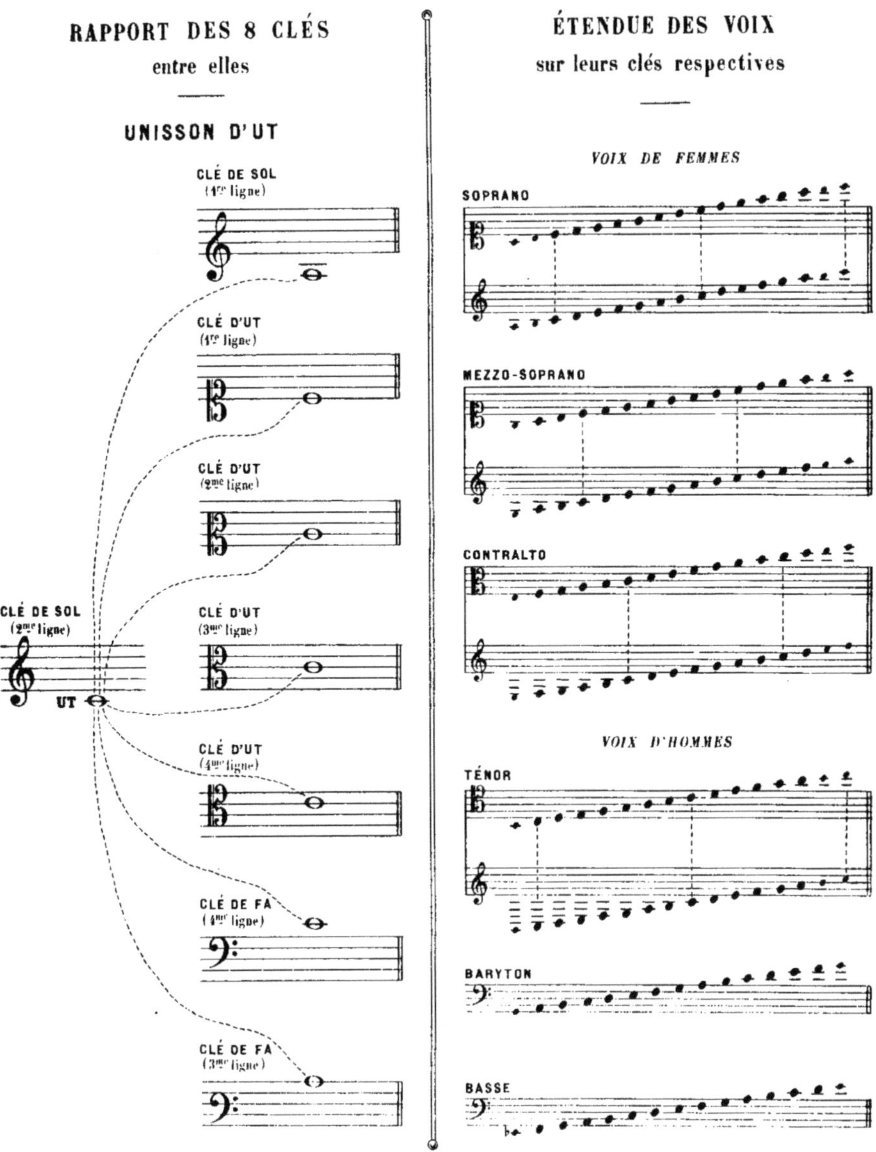
RAPPORT DES 8 CLÉS
entre elles
UNISSON D'UT
CLÉ DE SOL
(1re ligne)
CLÉ D'UT
(1re ligne)
CLÉ D'UT
(2me ligne)
CLÉ DE SOL
(2me ligne)
UT
CLÉ D'UT
(3me ligne)
CLÉ D'UT
(4me ligne)
CLÉ DE FA
(4me ligne)
CLÉ DE FA
(3me ligne)
ÉTENDUE DES VOIX
sur leurs clés respectives
VOIX DE FEMMES
SOPRANO
MEZZO-SOPRANO
CONTRALTO
VOIX D'HOMMES
TÉNOR
BARYTON
BASSE

A Monsieur F. A. GEVAERT
Directeur du Conservatoire Royal de Musique de Bruxelles

LEÇONS MANUSCRITES
DE SOLFÈGE
A CHANGEMENTS DE CLÉS
Programme des Elèves Chanteurs

20 LEÇONS
avec l'emploi de 5 Clés

Henri DUVERNOY

SEPT ÉTUDES RYTHMIQUES et MÉLODIQUES

Leçon où se trouvent employées à chaque mesure les progressions arithmétiques 1, 2, 3 et 4.

Nº 1

Il basso ben legato.

Soprano

Leçon où la progression précédente se trouve renversée et devient 4, 3, 2, 1.

N° 2

A tempo
rall:
(Au choix)
Suivez.

Leçon où se trouvent employées à chaque mesure les progressions arithmétiques 6, 9 et 12.

N° 3

Poco marcato il canto.

Leçon où la progression précédente se trouve renversée et devient 12, 9, 6.

sf
sf
Rit: assai
Suivez
A tempo

DEUX LEÇONS pour L'ÉTUDE de la MESURE à 5/4

MESURE A 5/4

ÉTUDE DE LA 1re MANIÈRE

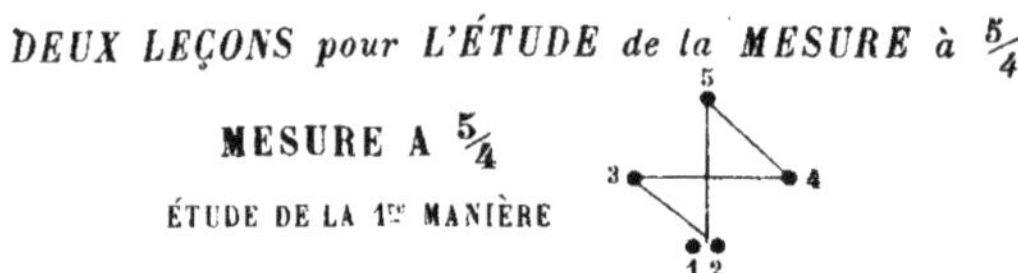

La Mesure à 5/4 est formée de la réunion de la mesure à 3/4 et de celle à 2/4. — Afin que l'élève s'habitue à diriger sa main dans tous les sens, sans qu'il en résulte pour lui aucune gêne, je lui conseillerai de battre successivement cette mesure de 3 manières: La 1re consisterait à faire le 1er et le 2me temps au frapper, le 3me à gauche, le 4me à droite et le 5me au lever. — La 2me à exécuter une mesure à 2/4 suivie de celle à 3/4; puis enfin la 3me, à faire par inversion, une mesure à 3/4 suivie de celle à 2/4; la dernière est la plus usitée et me semble la plus facile. (*)

Nº 5

Allegro moderato

THÈME

Dolce legato

p

1re Variation

p

Ten.

(*) La Leçon pour l'étude de la 3me manière a paru dans le 1er Volume des *90 Leçons Mélodiques de Solfège* p.72.

2me Variation Poco Animato
3me Variation
p Con brio
pp

MESURE A 5/4

ÉTUDE DE LA 2me MANIÈRE

Nº 6

sf
poco accelerando
sf
rall
Suivez.
a tempo
Rall: assai
a tempo
Suivez.
Poco marcato il canto.
pp
sf

MESURE A $\frac{7}{4}$ (*)

ÉTUDE DE LA 2de MANIÈRE

La Mesure à $\frac{7}{4}$ est formée de la réunion de la mesure à $\frac{3}{4}$ et de celle à $\frac{4}{4}$, l'une précédant ou suivant l'autre.

N° 7

Allegretto

p

Rall: assai

Suivez.

a tempo

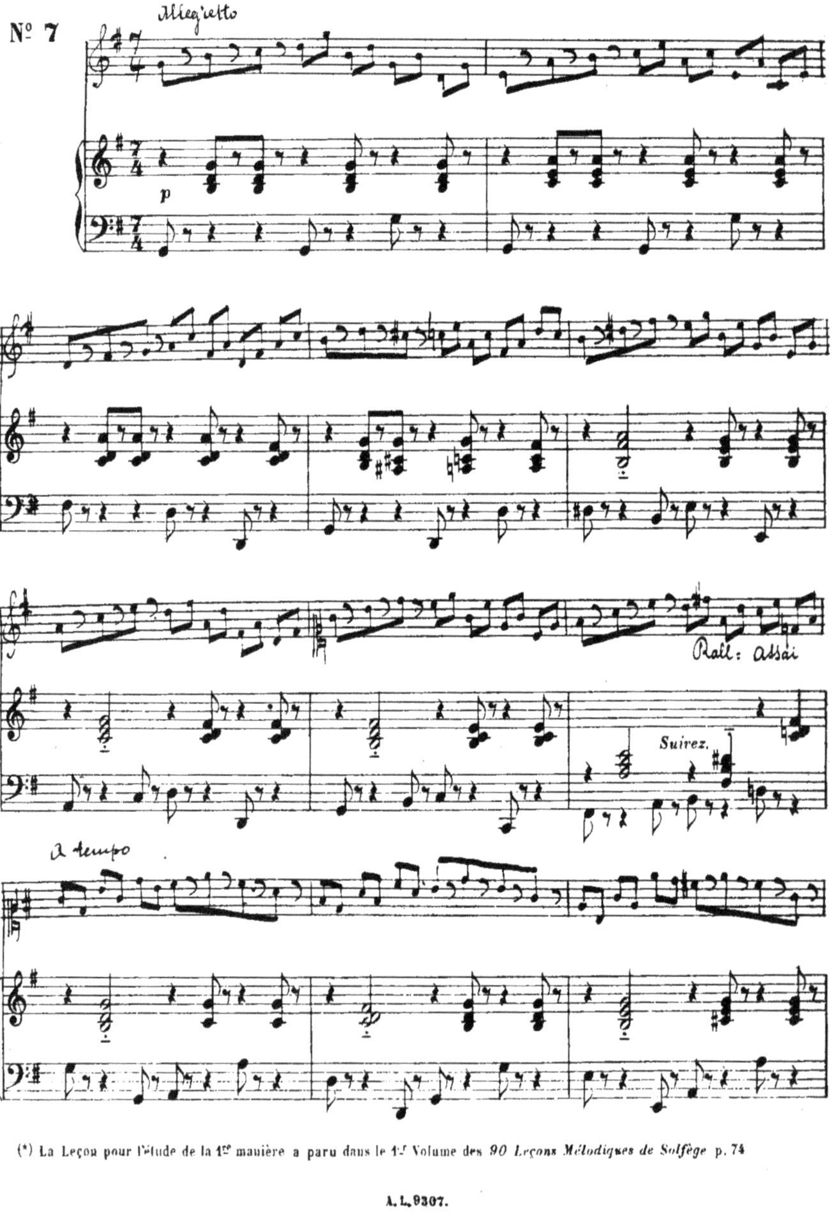

(*) La Leçon pour l'étude de la 1re manière a paru dans le 1er Volume des *90 Leçons Mélodiques de Solfège* p. 74

A tempo
Rall:
Suivez.

A tempo

Nº 8
Allegretto
p Con eleganza
p
pp
sf
p Crescendo poco a poco
sf
La main droite bien marquée.
mf
p il bassa.
sf
p Cresc. poco

a poco
Molto Riten:
mf
mf
m.f.

Nº 9

Ped
Ped
Ped
Ped

pp
Una corda.
Poco rit.
sf
Ped.

Nº 10
Allegretto
mf
mf
Giocoso
f

f
mf
p
sf
mf
p

mf
sf
p
mf Ben cantando.

Nº 11

Tempo di Valza

p

Ten.

Ten.
Crescendo

Ten.
Ten.
p
f
f
p
mf
f

N° 12

Crescendo poco a poco
Rit assai
p a tempo
Rit.
mf
mf
Allargando molto
Allargando.

Nº 13

poco Rit.
A tempo
Poco rit.
Crescendo
Allargando
Allargando.

Tempo Rubato
N° 14
pp
pp Cre - scen - do poco a poco
p
Allegretto
mf
sf

(En Echo)
p
f
cresc:
poco
a
poco
Allargando
Energico
vivo
Ten.
Ten.

No 15

rall: molto
A tempo

Nº 16
Andante Sostenuto e ben legato
p
p

Ben cantato.

cresc: ed affrettando poco a poco

Calmato

mf

mf

Tempo di Polacca

p e Con eleganza

p

f

sf

Cresc:
m.f
p
mf
mf
p
mf
p
mf
p
p
mf
p
poco Rit:
A tempo
p
p
3

Ten.

Nº 17

Allegretto

p

mf

p
mf
p cresc:
poco a poco
f Risoluto
f
Suivez la voix.

Più lento
pp
pp
mf
mf
p

N° 18
Moderato
p
mf
p
sf
f
sf
p

Misterioso.
Con eleganza

Allegretto

a tempo

crelc: poco a poco
p Cresc. poco a poco.
f
p
p
sf
p
sf
morendo
p
M.D.
pp

Nº 19

p
1° Tempo
Poco rit.
pp
pp e ben staccato.

Allegro con Brio

pp

f

p

f et sec.

p

Con grazia
Portato.
Cresc: poco a poco
Risoluto

p e Con eleganza
f
p
cres-
a
poco
Perdendosi
Di - mi - nu - en - do.

Nº 20

con amore
con delicatezza
p
p
8a
p
p
pressez peu a peu

pp
8a
pp
8a
Allegro Giocoso
f
f
f
f
sf
p
p
sf
p
sf

Crescendo
poco a poco

Paris, Imp. A. Chaimbaud et Cie

IMPRIMERIE CHAIX, RUE BERGÈRE, 20, PARIS. — 3946-2-95. — (Encre Lorilleux)

www.ingramcontent.com/pod-product-compliance
Ingram Content Group UK Ltd.
Pitfield, Milton Keynes, MK11 3LW, UK
UKHW020410180726
13839UKWH00003B/1285

9 782329 461809